TABLEAUX

AQUARELLES, DESSINS

GRAVURES

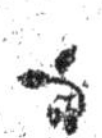

EAUX-FORTES

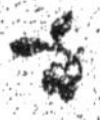

PAR

F. PICABIA

IMPRIMERIE
SCHNEIDER FRÈRES & MARY
LEVALLOIS-PERRET

AQUARELLES, DESSINS

GRAVURES

EAUX-FORTES

PAR

Conditions de la Vente

Elle aura lieu au comptant.

Les Acquéreurs paieront DIX POUR CENT en sus des enchères.

CATALOGUE

DES

TABLEAUX

AQUARELLES, DESSINS
GRAVURES, EAUX-FORTES

PAR

Dont la Vente aux Enchères Publiques aura lieu

---

le LUNDI 8 MARS 1909, à deux heures.

Commissaire-Priseur : 6, Rue Favart.

EXPERTS :

Rue Drouot, 18 | Avenue de l'Opéra, 26

Chez lesquels se distribue le présent Catalogue.

EXPOSITIONS, Salles N

PARTICULIÈRE : *Le Samedi 6 Mars 1909, de 2 heures à 6 heures.*
PUBLIQUE : *Le Dimanche 7 Mars 1909, de 2 heures à 5 heures 1/2.*

PRÉFACE

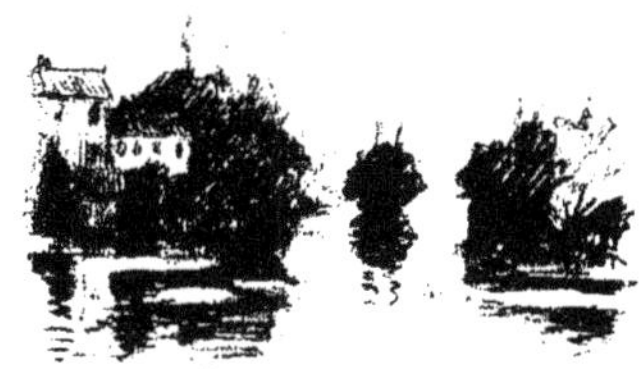

C'est peut-être parce que, depuis plusieurs années, j'ai beaucoup écrit sur Picabia : c'est peut-être parce que je crois bien avoir été le premier à fêter ses débuts, que je suis chargé d'écrire cette préface. Et cependant, qu'il s'agisse d'exposition ou de vente, Picabia n'a plus besoin d'être présenté au public : le public va à lui tout seul, par goût : il est attiré par l'art sain, robuste, primesautier de ce peintre qui eut la bonne fortune d'être compris dès l'heure où sa carrière allait se manifester, et qui se présente en plein succès à l'âge où la plupart des peintres en sont encore aux tatonnements avec l'opinion publique.

Il est vrai que lorsqu'il eut achevé ses années d'études, ces premières années d'initiation à l'art qui devait le prendre tout entier, Picabia conquit de suite une manière qui eut l'air d'être définitive et qui s'imposa. Certes, à mesure que sa carrière se développera, son talent évoluera : Picabia est trop profondément artiste pour demeurer stationnaire et pour ne pas marcher, par étapes successives, vers le *mieux* rêvé. Mais il y a chez lui trop de volonté réfléchie, trop d'effort continu, trop de compréhension de ce qu'est la science de son métier, de ce qu'est la technique jamais explorée jusqu'au bout de la manualité du peintre, pour que chacune de ses étapes ne soit pas capable de passionner les amateurs qui s'y arrêteront.

Je ne sais pas ce que Picabia fera dans vingt ans d'ici : il aura pris sans doute une place importante dans l'école des paysagistes français du XX° siècle : Je ne veux en avoir nul souci pour l'instant : les tableaux qui sont désignés plus loin et qui vont passer aux enchères, suffisent à établir la notoriété de l'artiste : ils représentent, dans les premières années du succès, une production toute de verve, d'éclat, d'émotion jeune et vibrante devant la nature ; ils témoignent d'une vision juste, particulièrement aiguë, susceptible de ne pas s'engourdir à chercher les effets similaires, mais de noter au contraire l'incessante variété que les saisons et les heures font jouer sur toutes choses.

Après avoir stationné un temps à Moret, dans la piété des souvenirs dont Sisley a immortalisé les bords du Loing, Picabia s'en fut faire quelques excursions dans le Midi, dans ce Midi ensoleillé d'où il rapporta la belle œuvre qu'il envoya au salon et qu'on reverra ici : puis il alla travailler plusieurs mois à Villeneuve-sur-Yonne, un joli coin, pittoresque, que ses confrères n'ont pas encore envahi et où il pouvait laisser à loisir l'inspiration le guetter, étant certain qu'on ne lui reprocherait pas d'avoir regardé la petite ville avec les yeux d'un autre, puisque nul autre peintre n'avait encore fait de Villeneuve-sur-Yonne une étude lentement et longuement approfondie.

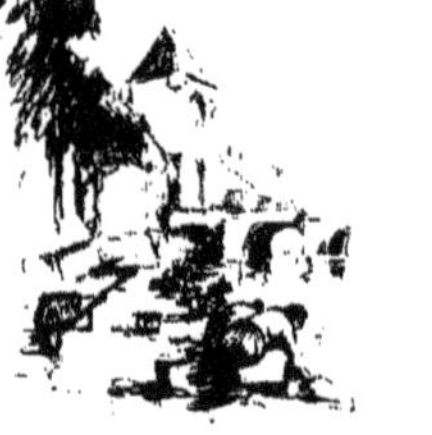

De là cette belle série de
tableaux : *Promenade à Nemours ; Laveuse à Villeneuve-
sur-Yonne ; Passy-les-Tours*,
effet de nuit ; *Église de Villeneuve-sur-Yonne, le soir ; Premières feuilles*, effet de soleil ;

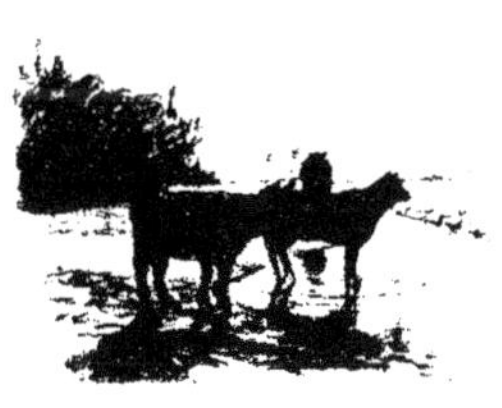

Les bords de l'Yonne ; Le peuplier, effet de soleil à Villeneuve-sur-Yonne ; *Les meules, le soir*, contre-jour ; le
*Pont de Villeneuve-sur-Yonne ; l'Effet du matin en
hiver*, au bord de l'Yonne ; *l'Effet d'automne à Villeneuve-sur-Yonne*; les *Arbres en fleurs*, à Villeneuve-
sur-Yonne, etc., tout un chapelet de pages exquises, où le
peintre donne très habilement la synthèse d'un pays qu'il a
compris et qu'il a aimé, car dans ces toiles il y a de la joie
de peindre, il y a de la passion, et la passion ne peut se
manifester que là où l'artiste ne se sent pas demeurer
indifférent.

Mais la vente ne comporte pas que des œuvres rappor-
tées de Villeneuve-sur-Yonne ; on y remarquera encore quantité
de peintures savoureuses comme les *Bords du Loing*, au
soleil ; *l'Effet de soleil aux Martigues ; la Rue aux
Martigues ; les Vieux saules à Moret ; les Oliviers ;*
le *Pont du chemin de fer*, à Moret ; les *Pins*, sur les
étangs de Berre ; le *Canal à Saint-Mammes ; l'Effet de
brouillard à Martigny*, et d'autres ; du soleil, de la lumière,
de l'air, de la nature vivante et belle, des œuvres en un mot,
avec lesquelles on entre en sympathie dès qu'on les a vues
une fois, des œuvres qui vous enchantent, parce qu'elles ont
l'harmonie, la sincérité et la jeunesse.

Il y a trois ans, je me demandais devant les œuvres

de Picabia si ce peintre, désormais très maître de son expression manuelle, n'allait pas évoluer vers un certain lyrisme, et j'écrivais :

« Du champ qu'il représentera, du bord de rivière, des arbres tordant leurs bras effeuillés sous le souffle sauvage des tempêtes, ou offrant leurs frondaisons estivales à la tendresse des nids, des petites villes étagées au flanc d'un coteau, du vieux château en ruine qui se dresse sur un plateau, des chaumières qui se blotissent au creux de la vallée, du nuage qui fuit dans le ciel en une chevauchée de lumière, du soleil qui se couche embrasant l'air de sa féerie titanesque, de toutes ces contingences précises, il élèvera notre âme vers une comtemplation généralisée de beauté universelle, et de chaque œuvre qu'il aura imprégnée de son souffle, de sa vie, il fera comme un paragraphe dans son épopée de la nature. »

Il me semble que les tableaux qui sont plus loin catalogués nous permettent déjà cette contemplation, et je serais surpris, si les amateurs les plus avertis ne réservaient pas à ces œuvres l'accueil le plus chaleureux, et, j'ajoute, le plus mérité.

L. ROGER-MILÈS.

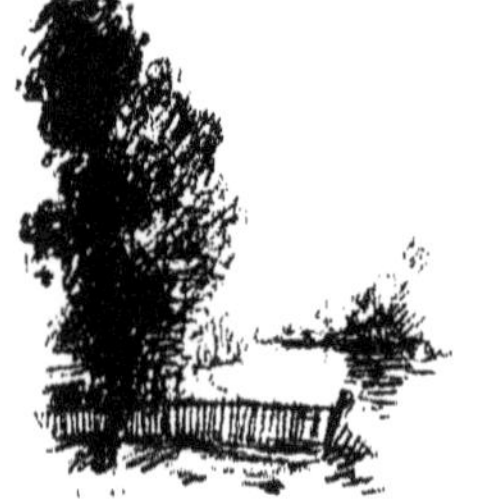

Février 1909.

Œuvres de PICABIA

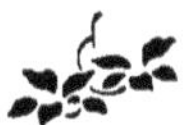

TABLEAUX

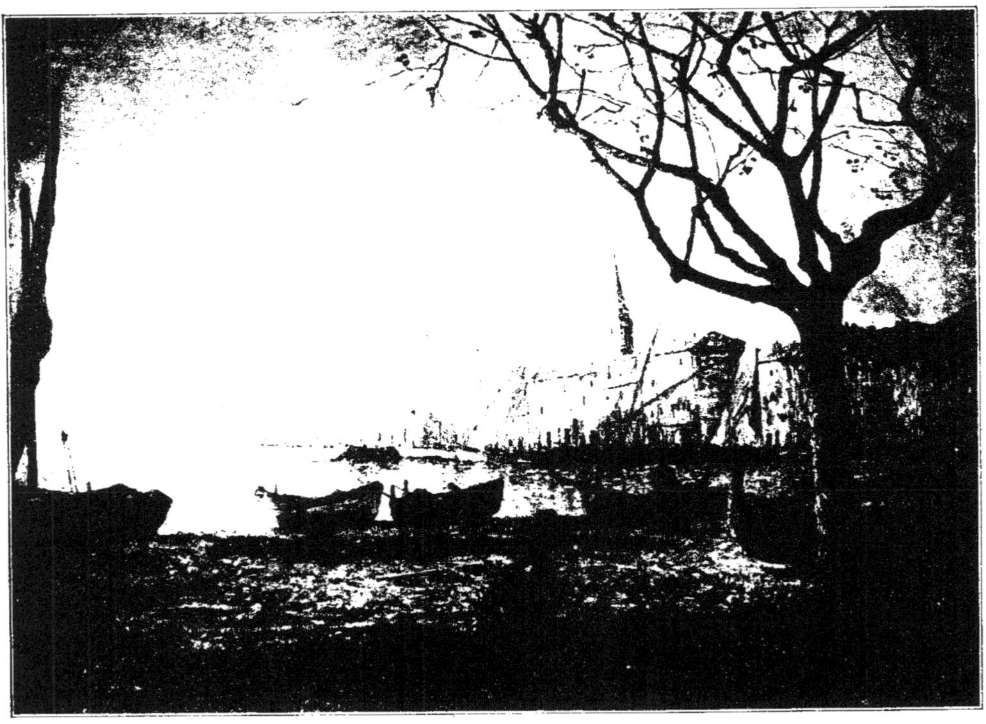

Port de mer dans le Midi. Effet de soleil. Salon 1907.

1. Eglise de Villeneuve-sur-Yonne.
Le soir.

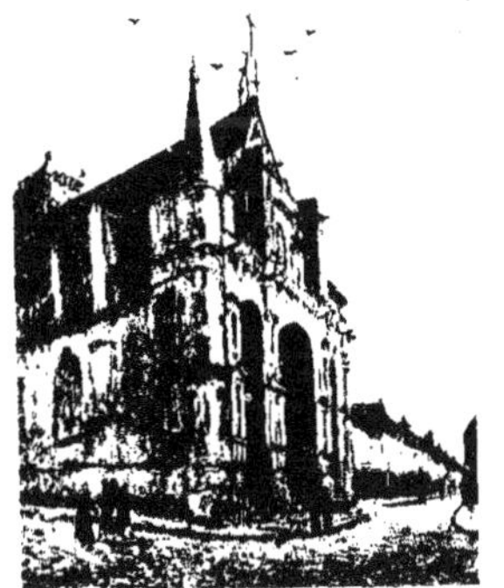

2. Le Pont du Chemin de fer
à Moret

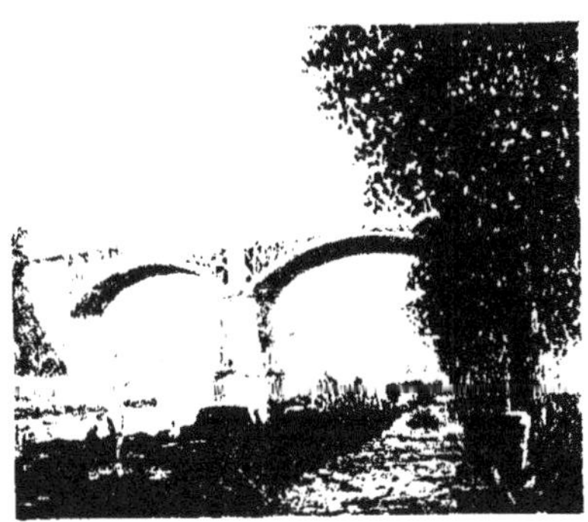

3. Ruines de Passy-les-Tours (Nièvre)
Effet de soleil

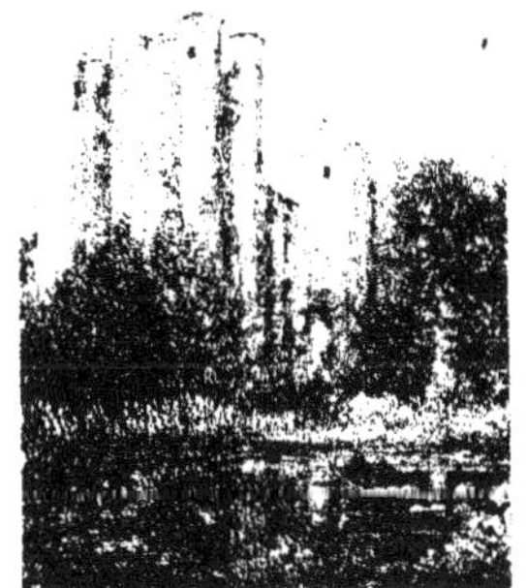

4.   Rue aux Martigues.
Effet de soleil.

200 M. Guercin

5.   Eglise de Montigny-sur-Loing.

310

6.   Bords de l'Yonne en automne.
Effet de soleil.

1.100 M. Héliot

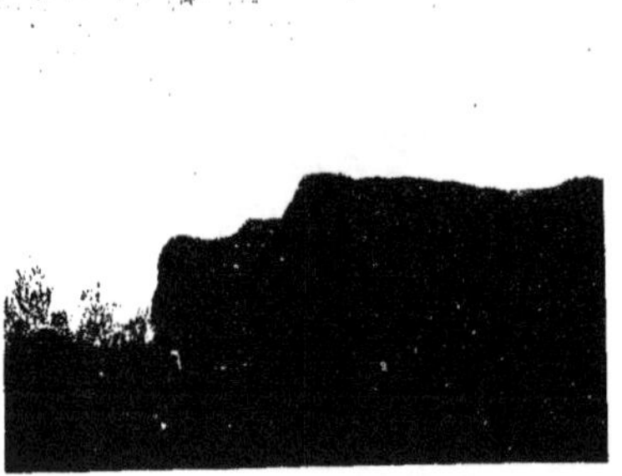

7.   Les Meules, le soir à contre-jour. Villeneuve-sur-Yonne.

500

8.   Bords de l'Yonne.
Effet de soleil, le matin.

1.220 M. Jourdain

9.   Les promenades à Vézelay (Yonne)
Effet de soleil.

335 M. Danthon

10.   L'église de la Marche (Nièvre)

650 M. Dupeyron

11. Les Pins.

Effet de soleil sur l'étang de Berre.

2 20

H. Honorat

13. Le Pont de Villeneuve-sur-Yonne.

Effet de soleil.

14. Les brumes du matin. Pierre Perthuis.

180 H. Danthon

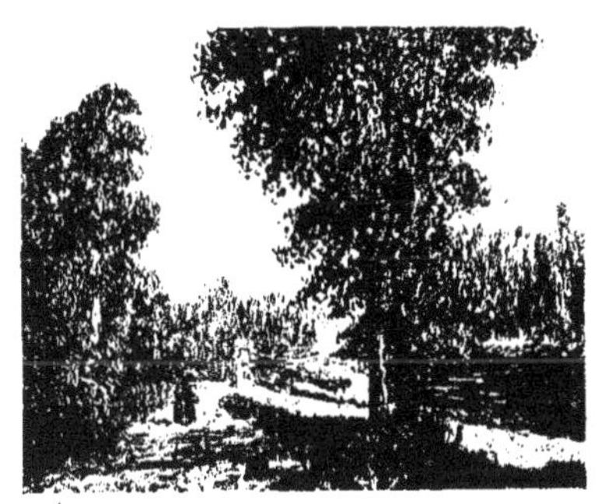

12. Bords du Loing. Moret.

Soleil de Juillet.

550 H. Berend

15. Les Oliviers aux Martigues.
Etang de Berre. Effet de soleil.

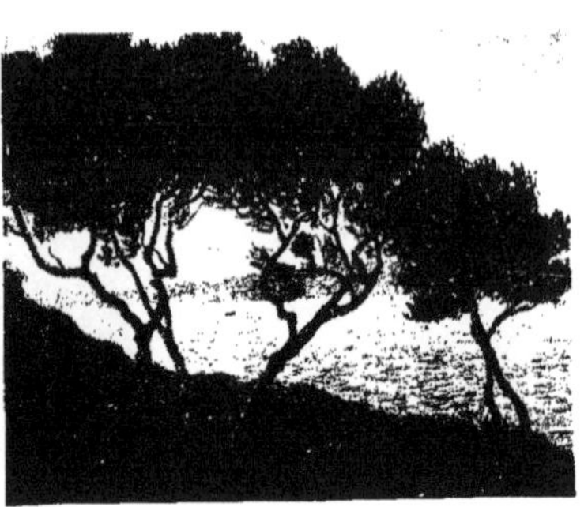

17. Le canal du Loing, à Moret.

18. Premières feuilles. Effet de soleil.
Villeneuve-sur-Yonne.

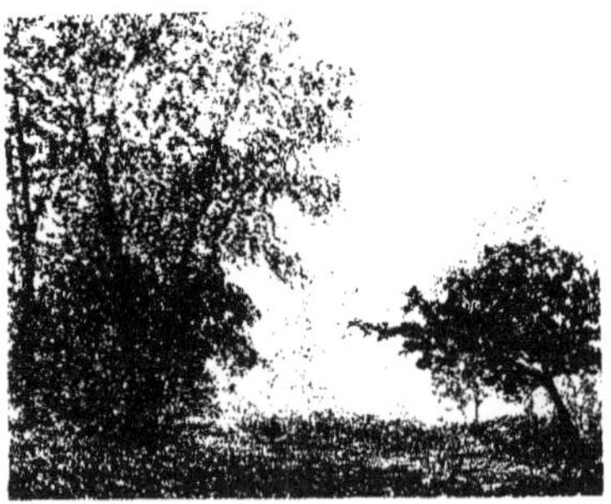

16. Lever du soleil dans la
brume. Montigny-sur-Loing.

19. Les Peupliers.

Effet de soleil de septembre. Montigny-sur-Loing.

370

H. Heymann

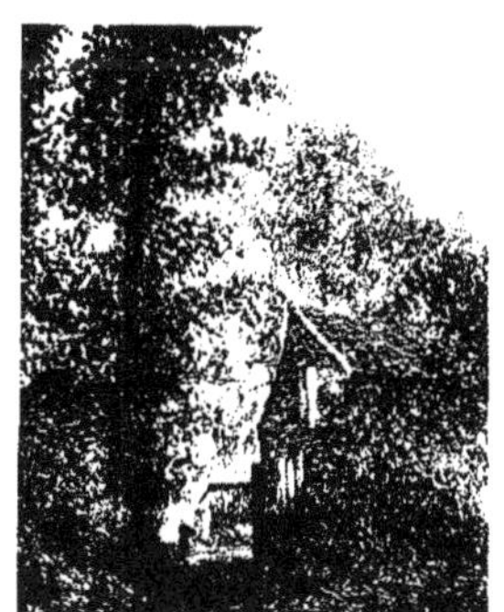

21. Les Châtaigniers à Munot (Loire).

Effet de soleil.

350

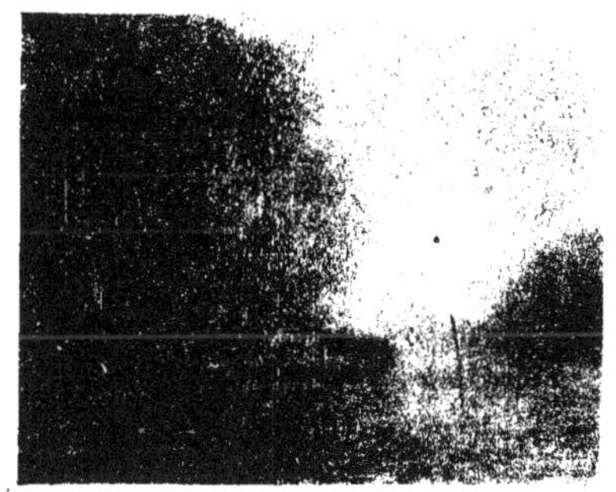

20. Effet de brouillard.

Bords du Loing. Montigny.

115

22. Effet de soleil

sur les bords de l'étang de Berre.

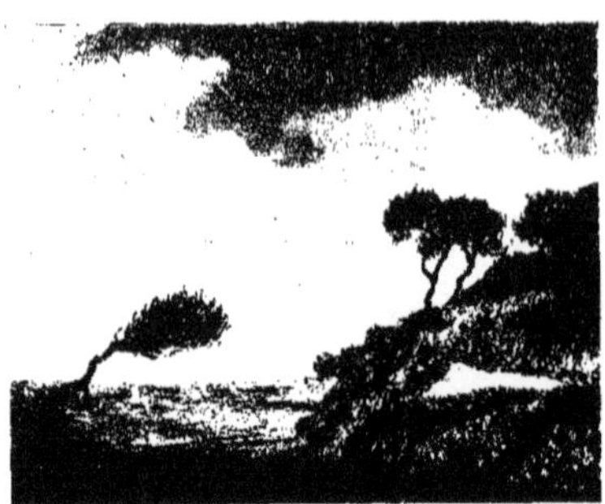

24. Les Moulins de Moret.

Effet du soir.

25. Les ruines de Larchant.

Effet du soir.

26. Passy-les-Tours (Nièvre).

Effet de nuit.

27. Le pont de Pierre Perthuis.

Effet de soleil, le matin.

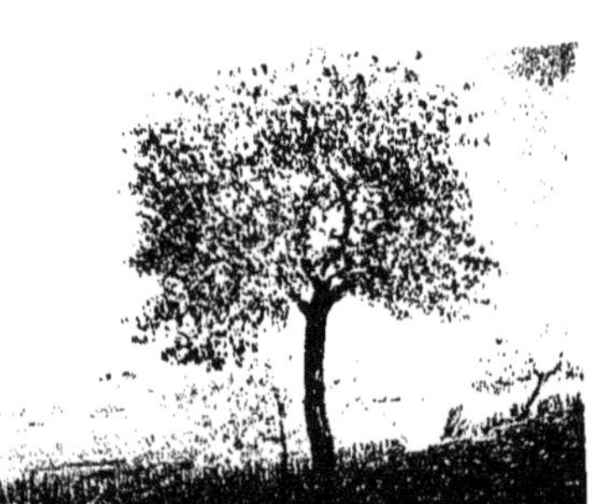

23. Les Arbres en Fleurs.

Villeneuve-sur-Yonne.

28. Bords de l'Yonne.

Effet de soleil.

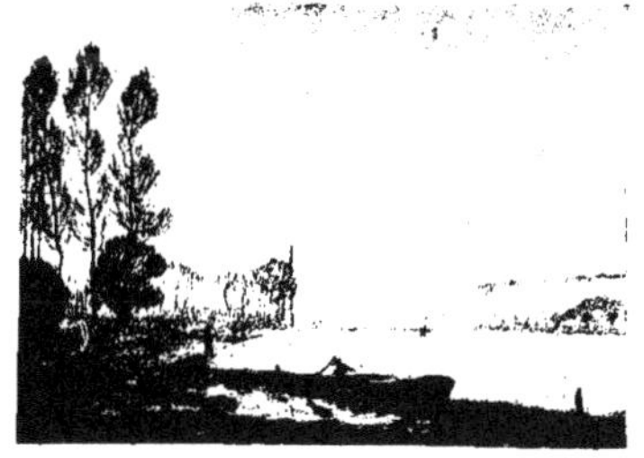

29. Effet de soleil par temps d'orage.

Larchant.

30. Les Oliviers. Effet de soleil le soir aux Martigues.

31. Port de mer dans le Midi. Effet de soleil.

Au premier plan, des barques échouées sur la plage. Pêcheur
préparant ses filets en attendant l'heure du départ. Fin
d'une chaude journée d'été. Salon 1907.

32. Bords de la Cure.

Effet de soleil le soir.

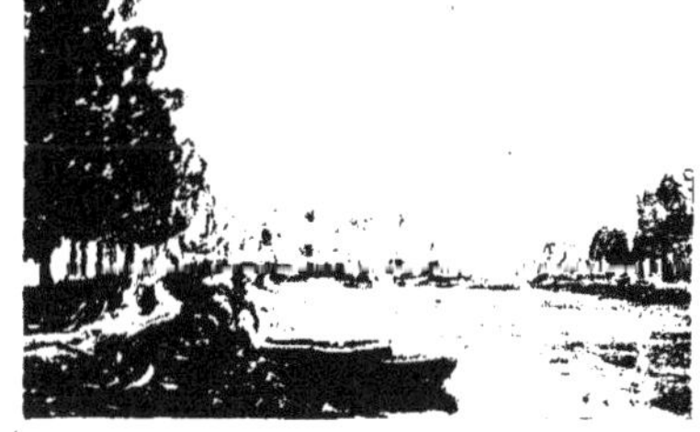

33. Canal de Saint-Mammès.

Effet de soleil.

34.   Les vieux saules à Moret.

220
M Berne Bart

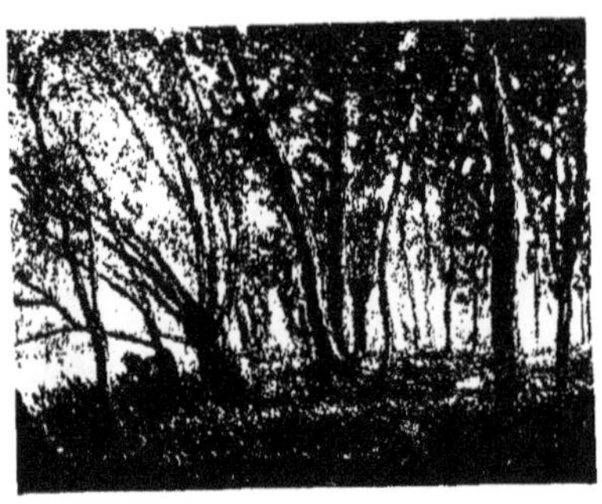

36.   A l'approche de l'Automne.
Villeneuve-sur-Yonne.

155

37.   Le peuplier. Villeneuve-sur-Yonne.
Effet de soleil.

190 M Lemaire

38.   Le matin à Moret.
Effet de brouillard.

160 M Desforge

39.   Les premières feuilles. Moret.
Effet de soleil.

450 M Berend B

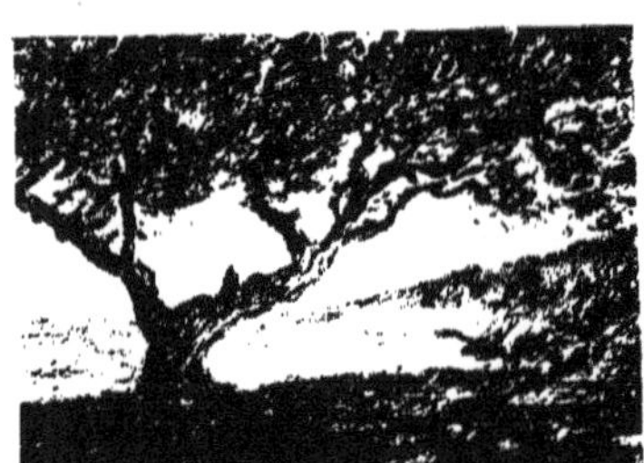

35.   Les Oliviers.
Effet de soleil le matin, Martigues.

410
M. de Villeneuve

43.   Bords du Loing à Montigny.

Brouillard du matin.

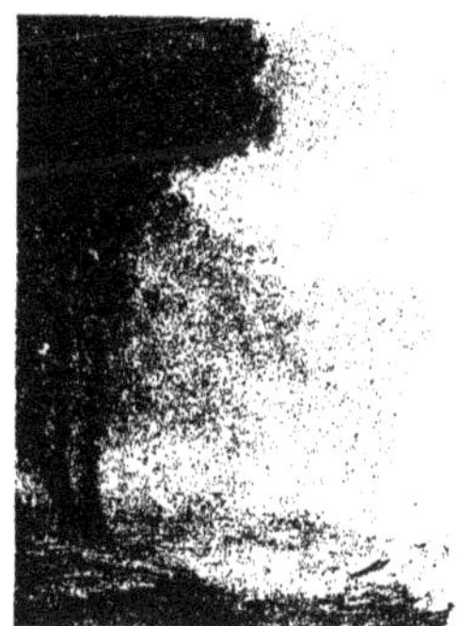

40.   Bords du Loing à Nemours.

Temps gris.

41.   Meules à contre-jour. Moret.

Le Soir.

42.   Les Péniches. Nemours.

Bords du Loing.

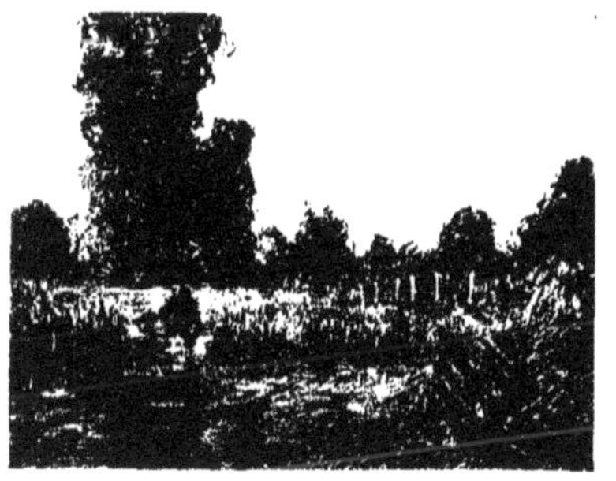

44.   La Laveuse.

Villeneuve-sur-Yonne.

45. Soleil d'Août.
   Ouistreham (Calvados).

255

                    46. Bords de l'Orne à Benouville.

92

47. Effet de soleil sur les bords de l'Yonne.

155

                    48. L'Église de Moret, le soir.

120

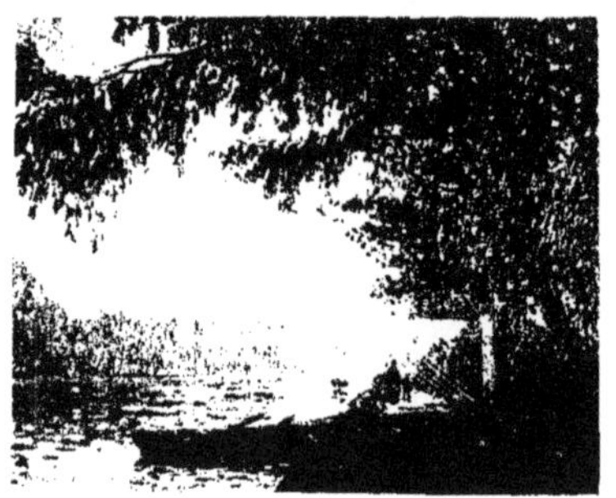

49. Bords du Loing. Nemours.
   Effet de soleil.

205

50. Les barques aux Martigues

200

                    51. Route des Peupliers. Moret.

118 Mr Stéfékian

52. Les Peupliers. Moret.
Soleil du matin.

120

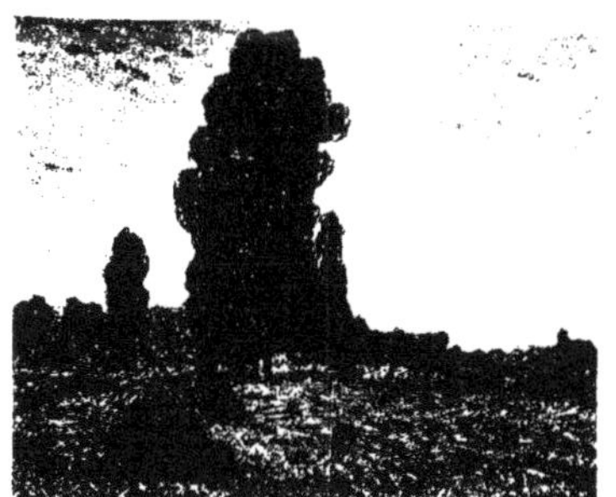

54. Pâturages en Normandie.

110

55. Les deux jumeaux à Hendaye.

240

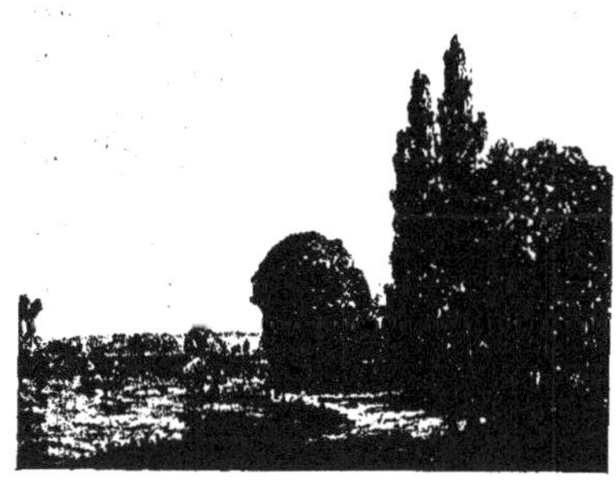

53. Les deux Peupliers.
Effet de soleil. Bords de l'Yonne.

240

56. Pêcheurs à la ligne.

Moret.

Collection Knight

550

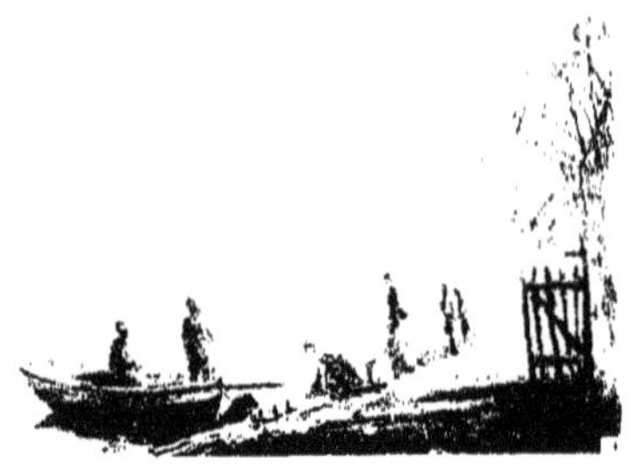

57. Le dégel à Moret.

160

58. Coucher de soleil sur Port-de-Bouc.

240 M Bachet

61. Les vieux moulins de Moret.

155 M. Dreyfus

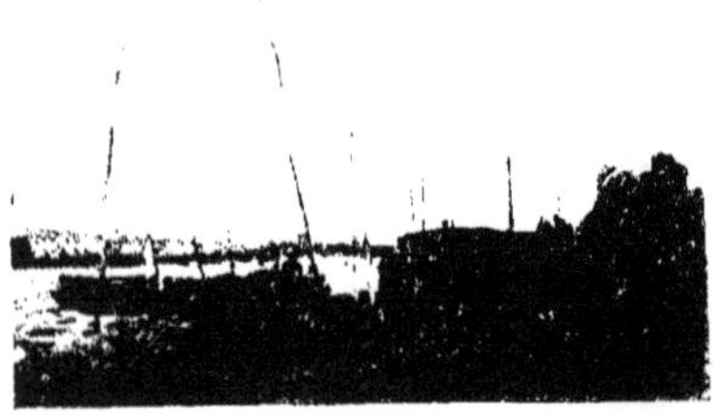

59. Effet de soleil à Poissy.

80

60. La Laveuse.

Bords de l'Yonne. Le matin.

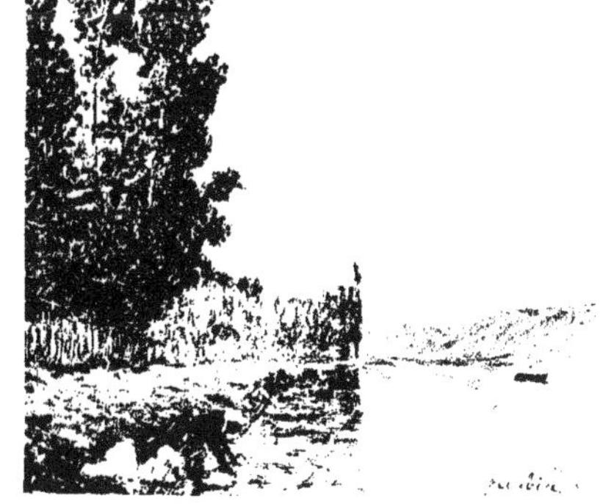

62. Laveuse Villeneuve-sur-Yonne.

Effet d'Automne.

63. Bords du Loing. Moret.

64. Les Acacias. Martigues.

Effet de Soleil en hiver.

65. Effet d'Automne. (Yonne).

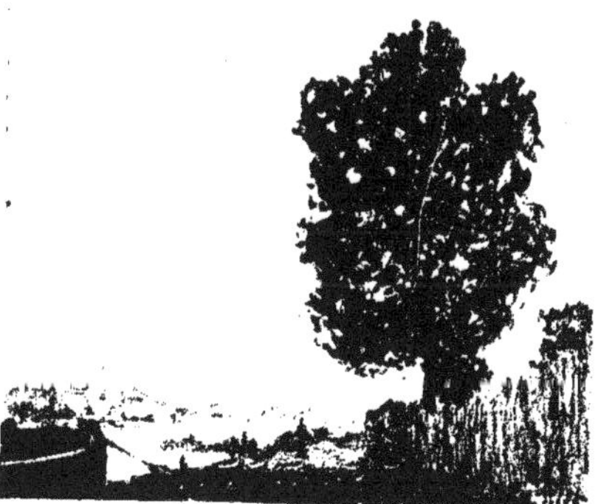

66. Effet d'automne.

Villeneuve-sur-Yonne.

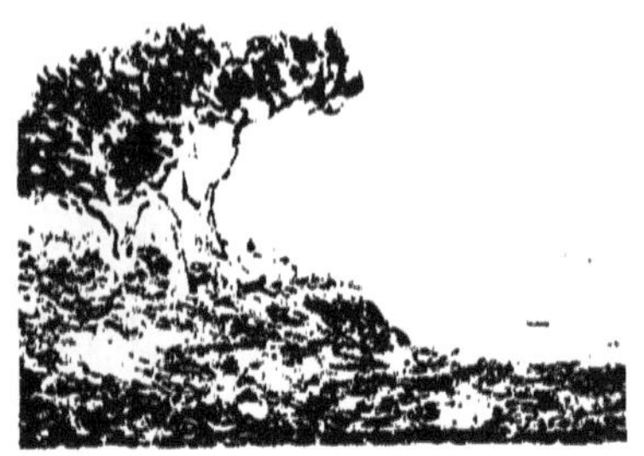

69. Les Martigues
Effet du matin.

110

67   Matin à Villeneuve-sur-Yonne.

67 bis.   Promenade à Nemours, le matin.

68   Oliviers sur le bord de l'étang de Berre.

70   Temps gris à Villeneuve-sur-Yonne.

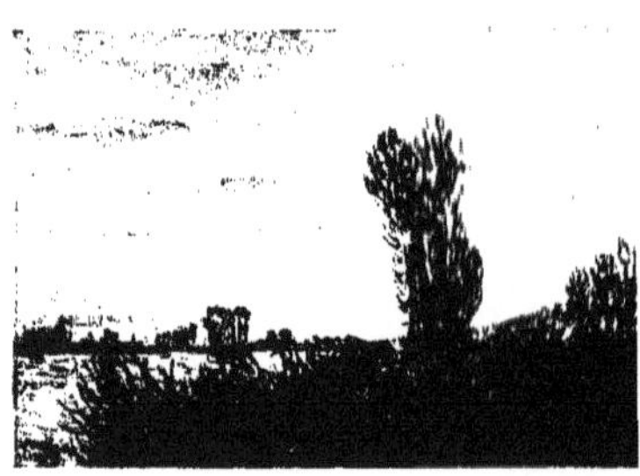

69 bis. Effet du matin en hiver.
Bords de l'Yonne.

70 ^{bis}. Bords de la Loire.

Effet de soleil.

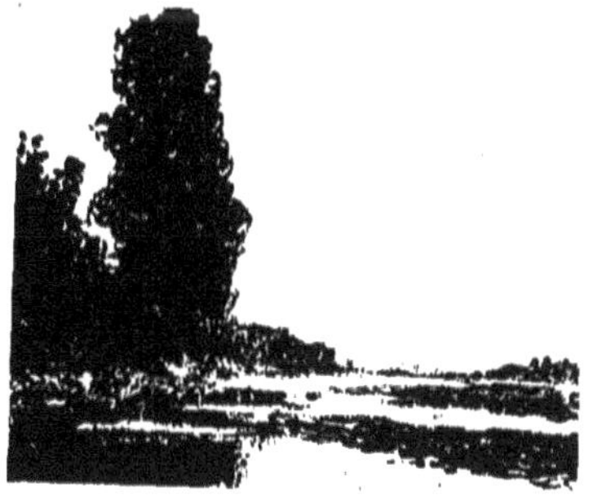

71 ^{bis}. Bords de la Mer. Saint-Troppez.

72. Bords du Loing.

Temps gris.

72 ^{bis}. Dans les Collines. Fuentarrabia.

Effet de Soleil.

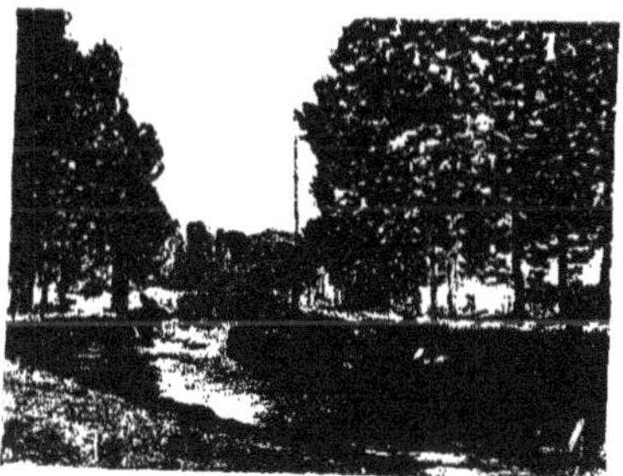

71. Bords du Loing.

Effet de soleil.

DESSINS

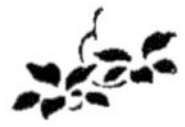

EAUX-FORTES

GRAVURES EN COULEUR

97. Pont de Villeneuve-sur-Yonne. Effet de neige.

98. Coucher de soleil sur Port-de-Bouc.

99. Bords du Loing. Montigny. Effet de brouillard.

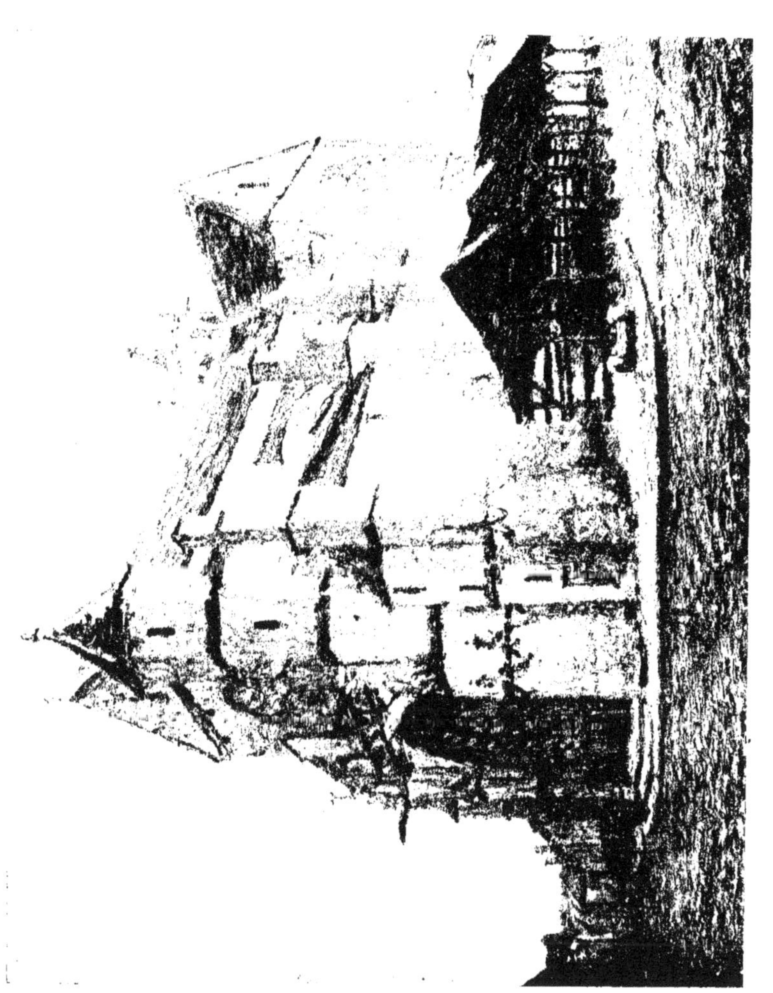

Eglise de Moret (effet de soleil matinal)